Simon Winzer

Die Schuldfrage am Ersten Weltkrieg: Hat keiner den Frieden gewollt?

GRIN Verlag

Bibliografische Information der Deutschen Nationalbibliothek:

Die Deutsche Bibliothek verzeichnet diese Publikation in der Deutschen National-
bibliografie; detaillierte bibliografische Daten sind im Internet über http://dnb.d-
nb.de/ abrufbar.

Impressum:

Copyright © 2011 GRIN Verlag GmbH
Druck und Bindung: Books on Demand GmbH, Norderstedt Germany
ISBN: 978-3-656-33827-7

Dieses Buch bei GRIN:

http://www.grin.com/de/e-book/206781/die-schuldfrage-am-ersten-weltkrieg-hat-
keiner-den-frieden-gewollt

Einleitung

Diese Arbeit setzt sich mit der Schuldfrage am Ersten Weltkrieg auseinander. Zunächst kommt es zu der Analyse einer Sekundärquelle des Historikers Erdmann, der behauptet, man müsse bei der Feststellung der Kriegsschuld nicht die Frage stellen, wer es auf einen Krieg angelegt habe, sondern wer den Friede habe sichern wollen. Im Anschluss erläutert die Arbeit die Deutung des Kriegsausbruchs des Ersten Weltkriegs vor dem historischen Kontext, in dem die Situation aller Parteien aufgeführt und ihre Möglichkeiten erläutert werden. Zum Schluss erfolgt eine Stellungnahme zu der Ansicht des Autors Fritz Fischer, der Deutschland die alleinige Kriegsschuld zuschreibt.

Die Schuldfrage am Ersten Weltkrieg

Die Sekundärquelle „Niemand hat den Frieden gewollt"[1] vom Historiker Karl Dietrich Erdmann, veröffentlicht im Jahr 1980 handelt von der Schuldfrage am Ersten Weltkrieg. Bei den im München erschienenen Werk handelt es sich um einen Sachtext, den ich unter der Deutung des Kriegsausbruchs des Ersten Weltkriegs vor dem historischen Hintergrund erläutere. Die Zielgruppe der Sekundärquelle sind wahrscheinlich geschichtliche interessierte wie Geschichtsstudenten, da der Text in einem Buch mit mehreren Bänden erschienen ist. Auch ist der Abdruck in Schulbüchern nicht unwahrscheinlich.
Die Quelle Erdmanns lässt sich in mehrere Abschnitte einteilen. So geht

---

1 aus Handbuch der Deutschen Geschichte, Karl Dietrich Erdmann

der Historiker in der Einleitung davon aus, die Frage der Kriegsschuld nehme eine andere Dimension an, wenn man nicht danach frage, welche Regierung es auf einen Krieg angelegt habe, sondern ob der Wille nach Frieden vorhanden gewesen sei. Dies verneint er für alle an dem Krieg teilnehmenden Nationen (vgl. Z. 1-4).

Dies begründet er im darauf folgenden Abschnitt, in dem er behauptet, niemand habe auf Bündnisse, Verpflichtungen und politische Ziele verzichten wollen, da diese in der Geschichte der Staaten verwurzelt gewesen seien (vgl. Z. 7-10).

So habe Deutschland Österreich-Ungarn in der Krise mit Serbien unterstützt, da sie auf Österreich angewiesen gewesen seien. Und hätten sich kurz vor Beginn des Ersten Weltkrieges nicht aus dem Bündnis zurückziehen können, weil Deutschland sonst im Fall eines Zweifrontenkrieges alleine ohne Bündnis gewesen wäre (vgl. Z. 14-22).

Im folgenden Abschnitt erklärt Erdmann die Lage der anderen Nationen. Russland habe vor der Entscheidung Krieg oder Revolution gestanden, Frankreich habe nach langer Isolation das Bündnis [zu Russland] gebraucht wie Deutschland zu Österreich und Großbritannien habe zwar Entscheidungsfreiheit gehabt, wegen der Rivalität mit Deutschland sei seine Stellung aber schon festgelegt gewesen (vgl. Z. 24-32).

Im letzten Abschnitt erklärt der Verfasser, dass die nicht zufälligen Intentionen der einzelnen Staaten die Krise herbei geführt hätten, aber keine den Krieg gewollt habe. Zwar hätten einige Staatsmänner den Wunsch nach Frieden gehabt, aufgrund der eigene Ziele, wie beispielsweise den Kolonialbesitz, habe ihn aber auch niemand gewollt (vgl. Z. 34-42).

Fremdwörter benutzt der Autor der Sekundärliteratur im gesamten Textabschnitt keine. Das einzige Fachwort ist „Hegemonialmacht" (Z. 31). Dieses Wort ist ein Fachbegriff für eine Art Vormachtstellung in einem

Bereich der Erde.

Die vorliegende Quelle deutet den Kriegsausbruch des Ersten Weltkrieges an, den die Analyse vor dem historischen Hintergrund erläutert. „[...] keine [Großmacht] hat es zuwege gebracht [...] sich aus den bestehenden Bündnissen [...] herauszureißen" (Z. 6. ff.). Angefangen haben die Bündnissysteme in den 1870er Jahren, nachdem Deutschland durch den Kriegsgewinn gegen Frankreich vereint wurde. Otto von Bismarck führte diese Politik ein, da er Deutschland hiermit absichern wollte. Doch im Laufe der Zeit gab es Konflikte innerhalb der Bündnisse, unter anderem zwischen Österreich-Ungarn und Russland, die mit Deutschland ein Drei-Kaiser-Abkommen verband. Dieses scheiterte.[2]

Zudem setzte der Imperialismus ein. Jedes Land wollte das Größte sein und weltweit Kolonien gründen – inklusive der Verbreitung des nationalen Geistes. Nach Konflikten in Afrika mit England und Frankreich und der der wieder steigenden Beliebtheit der Franzosen verschoben sich die Bündnisse innerhalb Europas und es entstand ein Pulverfass. Denn Deutschland, das mit den Bündnissen vermeiden wollte, dass es einen Krieg von zwei Fronten gibt, war durch die Tricolore Entente wieder akut gefährdet, sodass ein kleiner Auslöser genügt hätte, um den Ersten Weltkrieg auszulösen. Das lag daran, dass beispielsweise ein feindlicher Konflikt zwischen Österreich und England dazu beigetragen hätte, dass durch Verträge gleichzeitig auch Frankreich mit Deutschland und Österreich, Deutschland mit Frankreich, England und Russland und England sowie Russland mit Deutschland und Österreich in einen Krieg verwickelt gewesen wären. So kam es dann auch durch den Konflikt zwischen Österreich-Ungarn und Serbien, der mit dem

---

2 vgl. http://www.dhm.de/lemo/html/kaiserreich/aussenpolitik/buendnissystem/index.html

Schuss von Sarajevo und dem damit verbundenen Ultimatum Österreich-Ungarns an Serbien eskalierte und deutlich zum Kriegsausbruch beitrug.

„[...]aber es [Deutschland] konnte nicht [...] den Bündnisfall als nicht gegeben [...] erklären" (Z. 19 f.).

Das wäre auch eine sehr ungünstige Taktik gewesen, denn im Konflikt mit Serbien standen sich Österreich-Ungarn und Russland gegenüber. Hierbei hätte es jederzeit zu einem Kriegsausbruch kommen können, denn im damaligen Zeitgeist, der anders ist als der heutige, hätte eventuell schon eine geringe Ehrverletzung einen Krieg einleiten können. Hätte sich Deutschland aus dem Bündnis mit Österreich-Ungarn zurückgezogen, wäre für Deutschland zunächst keine Gefahr ausgegangen, jedoch besaß Frankreich nach der Niederlage 1870 gegen Deutschland gegen 1910 eine „zurückgewonnene europäische Machtstellung" (Z. 27 f.). Hiermit wäre ein Angriff Frankreichs auf Deutschland jederzeit möglich gewesen, da die Franzosen die 1870 an Deutschland abgetretenen Gebiete Elsass und Lothringen wieder zurückgewinnen wollten[3]. In diesem Fall wäre Österreich nicht mehr auf der Seite der Deutschen gewesen, wenn sich die Hohenzollern aus dem Bündnis mit Österreich zurückgezogen hätten. Zwar war das Tricolore Entente ein Defensivbündnis, sodass in diesem Fall Russland und England nicht automatisch in einem Krieg mit Deutschland verwickelt gewesen wären, jedoch hätte man nie wissen können, wie sich die Situation in diesem Fall weiter verändert hätte, sodass bei einem möglichen Angriff Russlands auf Deutschland, noch nicht mal durch das Tricolore Entente begründet, einen Zweifrontenkrieg ausgelöst hätte, den Deutschland ohne einen Kriegspartner gegenüber gestanden hätte, wäre es aus dem Bündnis mit Österreich-Ungarn ausgestiegen. Dadurch, dass sich

---

3   vgl. http://192.68.214.70/blz/web/erster_weltkrieg/1.html Abschnitt 5

Deutschland in den Serbien-Konflikt einmischte, kam es zwar auch zu einem Zweifrontenkrieg, jedoch mit dem entscheidendem Unterschied, dass man die Habsburger auf seiner Seite hatte.

„Die russische Regierung war [...] gefährdet durch die Furcht vor der Alternative Krieg oder Revolution" (Z. 22-25).
Ob die Russen den Krieg wirklich wollten, ist mehr als fraglich, doch gab es im Zarenreich ein entscheidendes Problem. In Russland gab es bedingt durch revolutionäre Ereignisse Angst beim Zaren, dass er gestürzt werden könnte. Dank des Krieges war es ihm möglich, von den innerpolitischen Problemen abzulenken und das Volk auf den Krieg zu konzentrieren. Schließlich kam es 1917 zwar doch zu einer Revolution, aber nur deshalb, weil Deutschland Lenin aus seinem Exil in der Schweiz nach Russland schickte, damit dieser durch das Auslösen eines innerstaatlichen Konfliktes die Niederlage Russlands einleitete. Letztendlich war der Zar aber in einer ähnlichen Zwickmühle wie Deutschland, denn dieser wollte auf keinen Fall gestürzt werden, sodass dies auch zum Ausbruch des Ersten Weltkrieges beiträgt, wenngleich Russland eher durch ein Defensivbündnis mit Serbien dem Krieg beitreten musste, da dieses von Österreich-Ungarn angegriffen wurde.

„Aber für den Fall eines Krieges war seine [Englands] Stellung durch die Flottenrivalität mit Deutschland festgelegt" (Z. 30 ff.).
Deutschland hatte im Verlauf des Wettrüstens angekündigt, England die Rolle als Weltmacht wieder abzunehmen. Das Empire hatte vor Beginn des Ersten Weltkrieges (zur Jahrhundertwende) überlegt, Deutschland zu einem „Juniorpartner" zu machen. Dies war nun hinfällig, da Deutschland bei der Kolonialbildung Land annektierte, das England gerne gehabt hätte, um

einen durchgehenden Flügel in Afrika von Südafrika bis zum Mittelmeer zu besitzen. Durch das Wettrüsten ab 1905 war klar, gegen wen England im Falle eines Krieges antreten würde. Somit ist dies auch ein Faktor für den Ausbruch des Ersten Weltkrieges[4].

In einem Zeitungsartikel aus „Die Zeit" vom 3. September 1965[5] erklärt der Historiker Fritz Fischer in der Sekundärquelle „Vom Zaun gebrochen – nicht hineingeschlittert. Deutschlands Schuld am Ausbruch des Ersten Weltkriegs", dass nur Deutschland den Krieg hätte verhindern können und somit au den Krieg hätte verzichten müssen.

Dies sehe ich anders, denn Österreich-Ungarn hatte beispielsweise einen Blankoscheck Deutschlands. Dadurch, dass die Habsburger einen Konflikt mit Serbien und somit indirekt mit Russland anfingen, musste Deutschland aufgrund des Blankoschecks mitziehen, da dies nicht nur ein Defensivbündnis, sondern gleichzeitig auch ein Offensivbündnis war. Zwar hätte Deutschland sich an das Bündnis nicht halten brauchen, aufgrund des damaligen Zeitgeists wäre dies aber unmoralisch und unpraktisch gewesen, vorallem wenn man die Gefahr eines Zweifrontenkrieges ohne einen Bündnispartner bedenkt.

Meiner Ansicht nach kann an niemandem die Hauptschuld für den Krieg geben, denn jede Nation trägt eine mehr oder weniger große Teilschuld. So ist die Regierung, die den Schuss von Sarajevo in Auftrag gab, genauso schuldig wie die gesamten Imperialisten, die, wenn sie ihre Moral und Ethik nicht überall verbreiten konnten, direkt mit Kriegen drohten.

Da finde ich die Idee Erdmanns schlüssig. So erscheint es mir sehr realistisch, dass keine Regierung (außer vielleicht die der Österreicher wegen des Angriffs aus Serbien) einen Krieg gewollt habe, dennoch aber

---

4   vgl. http://www.wilhelm-der-zweite.de/kaiser/kritik_flottenruestung.php
5   Fritz Fischer: Vom Zaun gebrochen – nicht hineingeschlittert [...], in "Die Zeit", 3. September 1965

auch nichts für einen Frieden getan hätten, da der Preis hierfür, der das Zurückstecken der nationalen Ziele bedeutet hätte, für alle Beteiligten aufgrund des damals beschriebenen Zeitgeistes zu hoch gewesen wäre. Somit stimmt der Text Erdmanns mit meiner Ansicht überein, dass niemand die Hauptschuld trifft, die Teilschuld aber allemal.

Doch nach meiner Meinung tragen auch die Vereinigten Staaten von Amerika eine Teilschuld, auch wenn sie erst 1917 dem Ersten Weltkrieg beitraten und so nicht direkt im Kriegsausbruch 1914 verwickelt waren. Diese Teilschuld tragen sie jedoch nicht in der Schuldfrage am Ausbruch des Ersten Weltkrieges, sondern an ihrer Beteiligung im generellen. Nach der Zimmermann-Depesche ist es fraglich, wie sich die USA richtig hätte verhalten können. Doch die Vereinigten Staaten, die angeblich bis zum Beitritt 1917 neutral gewesen seien, haben die Tricolore Entente (zumindest England und Frankreich) mit Waffen unterstützt. Sicher ging der Angriff auf die amerikanischen Schiffe vor der Seeblockade Englands von Deutschland aus, doch die Amerikaner haben somit Gegner Deutschlands unterstützt und sind somit nur indirekt neutral geblieben. Doch aus der damaligen Zeit betrachtet betrachtet hat die USA nur mit dem Zeitgeist der eigenen Interessen gehandelt, wie die anderen Länder auch, denn die Vereinigten Staaten waren ein kapitalistisches Land – und das auch noch heute – und wollten Profite aus dem Krieg schlagen. Aus Sicht der damaligen Zeit betrachtet sicherlich in Ordnung und nachvollziehbar, aber aus heutiger Sicht trägt die USA eine Teilschuld (die jedoch geringer ist als die der anderen Staaten) daran, dass sie sich gezwungen sah, 1917 dem Ersten Weltkrieg beizutreten.

Ein Punkt spricht aber für die These des Historikers Fischer. So hat Deutschland bereits im Jahr 1910 einen Präventivkrieg gegen Frankreich und Russland geplant. Dieser würde die These Erdmanns ein wenig entkräften, da dies bedeuten würde, dass Deutschland selber Angriffskriege geplant hätte. Nur wurden diese Präventivkriege nie ausgeführt, wenngleich der Konflikt zwischen Österreich-Ungarn und Serbien einen guten Anlass für die Hohenzollern gab. Jedoch sollte bedacht werden, dass das angegebene Ziel des möglichen Präventivkrieges war, den Gegnern zuvorzukommen, da man in Deutschland Angst hatte, Frankreich und Russland könnten ebenfalls einen Angriffskrieg gegen Deutschland planen. Somit kann darüber gestritten werden, ob dies nur eine Verteidigungsmaßnahme hätte sein sollen oder ob daraus ein Angriffskrieg hätte resultieren sollen. Fakt ist allerdings, dass die deutschen Kriegsziele erst im September 1914 vom deutschen Reichskanzler Bethmann Hollweg veröffentlicht wurden, also erst zwei Monate nach Kriegsanbruch. Dies ist ein Zeichen dafür, dass man einen Krieg nicht unbedingt gewollt hat. Daher stimme ich dem Zitat Fritz Fischers nicht zu. Alles in allem hätten alle Parteien die Möglichkeit gehabt, den Frieden herbeizuführen, aber niemand wollte dies aufgrund der eigenen Interessen. Somit trifft jeden eine Teilschuld, aber Deutschland ist nicht die einzige Macht, die den Krieg hätte verhindern können und daher hätten verzichten müssen. Das fast alle Länder in einem Dilemma standen, zeigt auch schon der historische Kontext. Gut, Deutschland trägt durch seine imperialistischen Expansionsgedanken, die Otto von Bismarck mehr oder weniger seinen Posten gekostet haben, eine ziemlich große Teilschuld, die wahrscheinlich größer ist als die anderer Nationen. Auch sind die deutschen Gedanken eines Präventivschlages gegen Frankreich und Russland nicht von der Hand zu weisen. Doch sahen sich die Hohenzollern der Gefahr eines Zweifrontenkrieges ausgesetzt, hätte Frankreich Elsass und Lothringen zurückerobern wollen und das Zarenreich hätte sein Land ausweiten wollen.

Ein Rückzug aus den Bündnissen hätte Deutschland in diesem Fall den

einzigen Verbündeten, Österreich-Ungarn, gekostet. Aus

Selbstschutzgründen ist es deshalb nachvollziehbar, dass Deutschland

nicht aus den Bündnissystemen ausstieg. Deutschland mag zwar eine relativ

große Teilschuld daran tragen, dass es zum Ausbruch des Ersten

Weltkrieges kam, jedoch nicht die Hauptschuld, wie Fischer behauptet.

Schließlich nutzte Österreich-Ungarn den Blankoscheck aus und auch

anderen Staaten zogen nicht zurück, obwohl sie es eventuell gekonnt

hätten. Aus diesen Gründen stimme ich dem Zitat Fischers nicht zu.

Literaturverzeichnis

- K.D. Erdmann, der Erst Weltkrieg: Gebhardt: Handbuch der deutschen Geschichte, Band 18, München 1980, Seiten 92f.
- Zitat nach Fritz Fischer, Vom Zaun gebrochen – nicht hineingeschlittert. Deutschlands Schuld am Ausbruch des Ersten Weltkriegs. In: Die Zeit, 3. September 1965
- Internet-Recherche: http://www.dhm.de/lemo/html/kaiserreich/aussenpolitik/buendnissystem/index.html (letzter Aufruf am 8. August 2012)
- Internet-Recherche: http://192.68.214.70/blz/web/erster_weltkrieg/1.html (letzter Aufruf am 8. August 2012)
- Internet-Recherche: http://www.wilhelm-der-zweite.de/kaiser/kritik_flottenruestung.php (letzter Aufruf am 8. August 2012)